AF246157

DU PROGRÈS

DEPUIS LE NOUVEL EMPIRE,

DANS L'ORDRE MATÉRIEL ET MORAL.

PAR

CHARLES PIEL DE TROISMONTS.

PARIS,

EN VENTE CHEZ MICHEL LÉVY FRÈRES,

LIBRAIRES-ÉDITEURS, RUE VIVIENNE, 2 bis.

—

1854.

DU PROGRÈS

DEPUIS LE NOUVEL EMPIRE

DANS L'ORDRE MATÉRIEL ET MORAL.

I.

Lorsque l'Empire tomba en **1815**, il ne tomba point devant des complications inté-rieures, il tomba devant des complications venues du dehors ; il ne tomba point devant la France, il tomba devant l'Étranger.

De **1804** à **1815**, l'Empire avait démontré de la façon la plus triomphante, et comme on démontre le mouvement, en marchant, — l'Empire avait démontré qu'il était la forme de l'ordre en France depuis **89**.

Tout ce qui avait précédé l'Empire depuis la révolution, était la révolution non définie ;

tout ce qui a suivi l'Empire jusqu'au 2 décembre 1851, a été, — de 1815 à 1830, la négation de 89, — de 1830 à 1848, l'escamotage de 89, — de 48 au 2 décembre, une espèce d'anarchie. Il est vrai qu'à partir du 10 décembre, cette anarchie fut contenue et presque régularisée par le grand nom de Napoléon.

Donc, la forme Impériale donnée à nos institutions, est la seule forme rationnelle ; et c'est à ce point qu'en l'absence de l'Empire, tout est complication et embarras, et que lorsque l'Empire est là pour nous protéger, les complications et les embarras disparaissent comme par enchantement.

Vous vous promenez, un jour, aux Champs-Élysées, et vous voyez un cheval qui ne se connaît plus, s'emporte et finit par jeter et briser son cavalier sur l'asphalte. C'est que ce cavalier inhabile avait plongé imprudemment ses éperons dans les flancs du coursier fougueux.

Une autre fois, vous voyez le même cheval monté par un autre cavalier, s'emporter encore et se débarrasser encore de son fardeau ; cette fois le maladroit écuyer n'avait pas abusé de l'éperon, il avait abusé de la bride.

Un troisième jour, vous apercevez la terrible bête, calme, douce, et au petit galop, elle ne cause plus d'effroi à personne ; elle fait l'admiration de tous. C'est qu'elle a enfin trouvé l'écuyer habile qui sait se servir à propos de l'éperon et de la bride ; qui sait exciter et contenir dans la juste mesure.

Eh bien ! il en est d'un peuple comme d'un coursier. La comparaison est surtout juste quand il s'agit de ce généreux peuple de France.

Ce peuple, le plus civilisé de tous, le plus impressionnable, et en même temps celui qui a le plus de bon sens, est très facile à gouverner, quand on ne veut le conduire que dans la voie tracée par l'histoire.

Ce sont les mauvais gouvernements qui ont fait croire que la France était ingouvernable, comme les mauvais cavaliers font une mauvaise réputation à un bon cheval.

Charles X, Louis-Philippe, les dictateurs de février, n'ont-ils pas dit tour-à-tour, qu'il était impossible d'avoir raison d'un pays aussi inconséquent, aussi mobile dans ses impressions et dans ses idées ?

Voyez pourtant ce qui se passe : jetez un coup-d'œil sur ce développement grandiose et facile de l'esprit public et de la fortune publique, depuis que l'héritier de l'Empereur, qui avait été trop longtemps sourd à la voix de la France, a été forcé d'écouter cette voix et d'obéir à l'esprit du siècle ; — depuis le jour, en un mot, où la France a le bonheur de vivre sous le sceptre de Napoléon III , sceptre tout puissant, sceptre si doux pour tout le monde, excepté pour les factions anarchiques, factions d'en haut, factions d'en bas.

II.

Tout homme qui s'est occupé des choses politiques, tout philosophe homme d'état, quand il voit un gouvernement aux prises avec des difficultés sans cesse renaissantes, doit se dire que ce gouvernement est vraisemblablement assis sur une mauvaise base ; au contraire, quand il voit un gouvernement faire avec une facilité extrême, les choses les plus difficiles, il doit se dire que ce gouvernement est vraisemblablement assis sur une base naturelle.

Nous avons vu, depuis 1815, les gouvernements toujours battus en brêche, toujours contestés, toujours inquiétés, même dans leurs prétentions les plus légitimes. Nous avons vu leurs meilleures intentions dénaturées, leurs projets les plus sensés pris à rebours par l'opinion publique, tandis que nous voyons le gouvernement de Napoléon III accomplir facilement tout ce qu'il juge bon et nécessaire. — Pour le gouvernement de Napoléon III, à vrai dire, les obstacles n'existent point, et cette France qui passait pour le plus ingouvernable des peuples, est, depuis le nouvel Empire, la nation la plus gouvernable qui soit au monde.

Pourquoi cette différence radicale entre les anciens gouvernements et celui de Napoléon III? Pourquoi? c'est bien simple: c'est que les anciens gouvernements étaient dans de fausses conditions de pouvoir; c'est qu'ils n'étaient pas l'expression vraie des sentiments et des intérêts de la France au dix-neuvième siècle, et qu'au contraire, le gouvernement de Napoléon III répond à tous les instincts, à toutes les idées, à tous les sentiments, à tous les intérêts de la France moderne.

On peut se convaincre de cette vérité, et s'en convaincre sans réplique possible, en lisant le rapport que Son Excellence M. le Ministre de l'Intérieur, en se retirant après avoir accompli son œuvre, vient d'adresser le 20 juin 1854, à Sa Majesté l'Empereur.

En France, toutes les idées grandes et justes, ont leurs hommes, et nous éprouvons le besoin, avant d'examiner cet admirable rapport du Ministre de l'Intérieur, qui sera plus tard une si belle page pour le gouvernement de Napoléon III, — nous éprouvons le besoin de dire un mot sur l'homme lui-même.

Dévoué jusqu'à la mort aux idées Napoléoniennes, audacieux et prudent tout ensemble, M. de Persigny est un de ces hommes qui, à force de justesse d'esprit et de vigueur de caractère, ne laissent rien à la fortune, selon l'expression de Bossuet, de ce qu'on peut lui enlever.

Pour le dévouement, c'est le Crillon du nouvel Henri IV ; pour la sagesse, c'en est le Sully.

Au jour du danger, il est le premier sur la brèche ; au jour de la prospérité, il s'efface volontiers. Sorti d'une époque, où on aime le pouvoir pour le pouvoir, et où les honnêtes ambitieux sont ceux qui aiment le pouvoir pour lui-même, en dehors de ses bénéfices positifs, M. de Persigny n'aime le pouvoir ni pour lui-même, ni pour ce qu'il rapporte ; il ne l'aime que comme un instrument des grandes idées auxquelles il a voué sa vie.

En ce siècle des apostasies et des cupidités, en ce siècle des succès à courte échéance, M. de Persigny ne vit d'abord dans son dévouement aux idées Napoléoniennes, que la justice de la cause ; il ne s'inquiéta pas du succès ; loin de là, il prévoyait des revers, mais il était bien le confident et

III.

Que dire de la prospérité matérielle ? Elle éclate de toutes parts, et les forces industrielles de la France prenaient, avant la guerre, de si grands développements, que la guerre même les a à peine arrêtés. Presque toujours la guerre est la paralysie subite des affaires. Sous l'Empire, elle ne les arrête pas, elle ne fait que les restreindre ; et, encore, cependant, le gouvernement de Napoléon III inspire une telle confiance au pays , qu'à l'heure même , où le canon de la France gronde en Orient, et où nos soldats font cette grande guerre qui occupera une si mémorable page dans l'histoire du monde, Paris est renouvelé presque de fond en comble, embelli et rajeuni ; de telle sorte, que ce que les anciens gouvernements n'ont pas pu faire en pleine paix, le gouvernement de Napoléon III le fait en pleine guerre !

(A cette puissance de la prospérité matérielle correspond exactement la puissance de la prospérité morale.

Les esprits naguère si troublés ne sont-ils pas aujourd'hui dans un calme profond, et l'on peut ajouter fécond ? car il n'y a, pour les intelligences, de véritablement fécond que le calme ; l'agitation fiévreuse est toujours stérile.

Ainsi prospèrent le progrès matériel et le progrès moral sous le gouvernement de l'Empereur.

Paris. — Imp. de Mme de Lacombe, rue d'Enghien, 14.

l'ami du grand politique, qui, après l'affaire de Boulogne, enfermé dans un cabanon de la Conciergerie, disait à un de ses partisans troublé et déconcerté :

« Eh bien ! quoi ? Ne suis-je pas plus près des Tuileries ? »

Ce sera une bien noble figure historique que celle de M. de Persigny. Cette figure sera d'autant plus belle, que les grands dévouements n'annoncent d'ordinaire qu'un grand cœur, et que l'histoire reconnaîtra, dans cet illustre chef du Bonapartisme, l'homme d'action et l'homme de pensée, le grand cœur et le grand esprit.